LES DERNIERS PROPOS, AVEC LE TOMBEAV DE FEV NOBLE DAME

Barbe Guiffart femme de Messire Claude Groulart Cheualier, Conseiller du Roy en ses Conseils d'Estat & Priué, & premier President en sa Court de Parlement de Rouen.

A ROVEN,

DE L'IMPRIMERIE

De Raphaël du Petit Val, Libraire & Imprimeur ordinaire du Roy.

1599.

A MESSIRE CLAVDE

Groulart Cheualier, Conseiller du Roy en ses Conseils d'Estat & Priué, & premier President en sa Court de Parlement de Rouen.

MONSEIGNEVR,

Ce sont des vers que ie vous offre. Ie ne leur voudrois donner charge de r'ouurir les playes de vostre esprit s'elles estoyent sur le poinct de se cicatrizer : Mais tant s'en faut, n'estant encor en voye de consolidation, & la longueur du temps au lieu de les guarir en ayant fait des vlceres incurables, ie les viens apliquer dessus comme vn cataplasme pour seruir de lenitif à la vehemence de leurs douleurs. Ils ne ressentent que la Pieté. Seroit-ce aussi raison que celle qui fut en sa vie l'ame de l'honneur, l'hõneur des ames, & des Dames, le miroir viuãt de chasteté, & le patron naïf de toute modestie, seruist aprés sa mort d'argument a des vers dissemblables à ces belles & grandes qualitez? Ie n'ay pas apris de mesler ainsi le prophane au sacré. Si le discours de sa mort renouuelle vostre tristesse, la memoire de sa vie aussi fera renaistre mille contentemens en vostre ame. Ie n'ignore point que de plus beaux esprits que le mien n'ayent desia trauaillé sur vn si beau sujet : mais ils me permettront de retenir part à cet ornement de la terre, puis que le Ciel le donna vne fois à tous, & pour tous. Et vous aussi Monseigneur, souffrirez s'il vous plaist que ie demeure le chantre de sa mort & de son immortalité bien-heureuse, &

Vostre treshumble seruiteur.
A. M. S^r. D. V.

LES DERNIERS PROPOS

AVEC LE TOMBEAV DE FEV Noble Dame Barbe Guiffart femme de Messire Claude Groulart Cheualier, Conseiller du Roy en ses Conseils d'Estat & Priué, & premier President en sa Court de Parlement de Rouen.

DISCOVRS.

Mortels, qui vos desseins attachez à la terre,
Voyez que tout vostre heur est ainsi que le verre
Plus facile à casser lors que plus il reluit.
Vostre fortune vne ombre, elle fuit qui la suit,
Elle suit qui la fuit, & qui plus la gourmande
C'est luy que plus elle aime & qui mieux luy

Et qui portant au cœur vn courage indonté,
Manie à son vouloir sa libre volonté.
Außi la cognoissant inconstante & volage,
Iournaliere, & facile a changer de courage,
Plus elle me flattoit, plus ie la mésprisois,
Plus ie la méprisois, plus ie la métrisois,
Plus ie la métrisois, & plus i'auois d'enuie,
D'espargner ses faueurs aux beaux iours de ma vie:
Estimant celle là qui l'auoit en honneur
Heureuse en son malheur, malheureuse en son heur.
O mortels, ce discours ne m'a point abusee.
La flame de ma vie est peu s'en faut vsee,
Ie suis preste a partir, & ne remporte rien
En terre qu'vn limon que d'elle außi ie tien.
Si i'auois à quelqu'vn ou pris ou voulu prendre
Quelque chose du sien, ie voudrois le luy rendre:
Außi bien que ie veux rendre au ciel mon esprit
Que ce mien corps mortel du ciel immortel prit.
Plustost, & ie le dy sans aucune reproche,
Estimant que le pauure a l'homme riche est proche,
Et que nous faisons tous les mébres d'vn seul corps
Les morts comme les vifs, les vifs comme les morts.
I'ay ma main élargie à l'homme miserable,
Nul n'eut recours à moy qui ne m'eust secourable,
Luy fournissant d'argent, & de vin & de pain,
es necessitez, à sa soif, à sa faim.
ie auoir acquis, faisant ceste despense,

Le bien que i'en desire, auoir pour recompense;
Auquel en soupirant i'aspire à tous propos,
Auquel par ce trauail ie cherche mon repos.
Mais i'auroy peu payé d'vn si grand heritage:
Ce n'en est rien que l'arre ou le plus petit gage;
Il monte à trop haut prix, ô mon Dieu mon Sauueur
Il faut que le payment vienne de ta faueur.
Barbe disoit ces mots à toute l'assistance
Qui l'honoroit alors de sa triste presence,
Pour en son mal d'enfant plustost la secourir,
Que pour la regarder en ses trauaux mourir.
Grande rigueur du sort que pour donner la vie,
La femme soit suiette a se la voir rauie!
A ces mots les soupirs dedans le cœur conçeus,
De la bouche enfantez, par l'air estoyent reçeus.
Tout éclatoit de cris, tout resonnoit de plaintes:
Les parois du logis en sembloient mesme attaintes;
Les yeux cauez d'ennuis, en larmes se fondoyent,
Ainsi comme torrens ces larmes s'espandoyent:
Car on iugea ces mots estre marque certaine
De sa vie a venir, & de sa mort prochaine.
Mais lors, recommençant son discours acheué,
Vers son triste mary les yeux elle a leué,
Et le voyant pleurer en ce poinct le console,
Adoucissant ses yeux, sa face & sa parole.
Cessez, chere moitié, cessez de vous douloir,
Vous resistez au Ciel autant qu'à mon vouloir.

Si vous plaignez ma mort, ne portez point d'enuie
Que par elle i'acquiere vne immortelle vie.
Ne vous affligez point: car vostre affliction
Rengrege mon tourment & croist ma passion.
Bien que vostre âme soit de mes douleurs attainte,
Comme indigne de vous laissés là toute plainte.
Aussi bien vos regrets vos soupirs, & vos pleurs,
Ne peuuent retenir ma vie en ces douleurs,
Ie meurs vous consolant, consolez moy mourante,
Seriés vous moins constant que ie ne suis constante?
Rendez ma mort aisee autant que vous pouuez;
Puis qu'il faut le vouloir, vouloir vous le deuez.
Demandant à ma vie vn autre plus long terme
Il me faudroit encor attendre de pied ferme
Tout orage qui peut à mon calme arriuer
Ie veux gaigner le port, voulez-vous m'en priuer?
Ouy, ie le veux gaigner mesme en faisant naufrage:
Non, ie ne veux plus estre exposee à la rage
De ceste mer mondaine, à ses vents furieux
Qui pour nous abismer nous éleuent aux Cieux.
C'est grand heur de mourir en la fleur de son âge.
Si presque en commençant, i'acheue mon voyage,
Ie fais ainsi que fait le hastif pelerin,
Qui voulant abreger sa peine & son chemin,
Marche doublant le pas, & n'a point de relasche,
Qu'il n'ait auant la nuict fini sa longue tasche:
Le viure & le mourir n'est pas en nostre main,
Ie

Ie desloge auiourdhuy, vous peut estre demain,
Il n'est rien plus certain qu'il faut que l'hôme meure
Mais incertain est l'an, le mois, le iour & l'heure.

Ne vous ennuyez point de mon soudain trespas,
Car ie vous laisse icy, ne vous y laissant pas,
Puisque Dieu benissant nostre heureux Hymenee
Nous a fait les parens d'vne race bien née.
Bien qu'en mourant de vous ie vienne m'absenter,
Mes filles me pourront à vous representer.
Ce gage ie vous donne, & ceste belle glace
Où vous pourrez mirer tous les traits de ma face,
Pour mon Esprit, iamais il ne vous laissera,
Il fut tousiours en vous, tousiours il y sera:
Son vouloir s'accordant auec sa destinee
N'a point à sa demeure autre place ordonnee:
Ou bien s'il est contraint en fin de vous quiter,
Pour aller dans les Cieux les Anges frequenter,
Il viendra se reioindre à vostre ame fidelle,
Quand elle aura laissé sa despouille mortelle.
Demeurez cependant encore en ces bas lieux,
Puisque vous ne pouuez m'accompagner aux cieux,
Et que vous ne deuez abandonner la place,
Où Dieu nostre grand Chef vous logea de sa grace.
Il prend soin de mon ame, ayez-le de mon corps:
Payez luy seulement ce que lon doit aux morts
Sans appareil pompeux, sans pompe appareillee:
Chose beaucoup meilleure a rendre émerueillee

La vaine populace, & les fous citoyens,
Que propre à celebrer l'obseque des Chrestiens:
Dois-ie auoir en ma mort de telle gloire enuie,
N'ayant les vains hõneurs cherché durant ma vie?
Ceux qui passent leurs iours en dissolution,
Monstreront en leur mort leur vaine ambition:
Mais celuy que l'amour des pauures solicite,
Aussi bien qu'en viuant, en mourant leur profite.
Qu'ils conduisent aux cieux sur l'aisle de leur foy
Mainte priere ardente incessamment pour moy:
Qu'ils redonnent encor par leurs soupirs fidelles,
Pour s'enuoller au ciel à mon ame des aisles,
Et la façent aimer aux Esprits bien heureux,
Qui verront tant de cœurs de mon heur desireux.
Ayant clos ce discours, elle ferma la bouche,
Cependant son mary courbé dessus sa couche
Mesle ses pleurs aux siens, & leurs esprits rauis
L'vn l'autre s'accoloyent pendant tout ce deuis:
Ils se disoyent Adieu, iusqu'à l'heure derniere
Qu'ils ioindront derechef leur liaison premiere.
Cependant que de pleurs leur face se trempoit,
Le doux nœud de la vie à regret se rompoit
Qui tenoit à son corps sa belle ame accollee:
Alors prenant au Ciel sa gaillarde volee,
Comme la flame monte à la mort d'vn flambeau,
Elle laissa le corps pour depouille au Tombeau:
Qui se doit plus vanter d'vne telle richesse,

Que s'il serroit les os d'Alceste ou de Lucresse.
Si tu voyois le vif, tu le iugerois mort,
Excepté qu'il soupire, & se lamente fort.
Si tu voyois la morte, elle paroistroit viue,
Excepté que la mort de parole la priue.
Quand elle eut expirê, ce fut lors qu'on peut voir
Les plus durs a pleurer tant de larmes plouuoir
Que leurs yeux ne sont plus que des larges fontaines,
Fecondes en ruisseaux, comme leur cœur en peines.
Leur respiration se fait en soupirant,
Vn seul mot ils ne vont de leur bouche tirant
Qu'vn helas triste & long: de douleurs vn nuage,
Enuelope leurs cœurs, & couure leur visage.
Le bruit de ceste mort venue auant saison,
S'épand tout à l'instant par toute la maison,
De la maison auant il court au voisinage,
Du voisinage encor' par tout Rouen il nage,
Rouen distille en pleurs: tous la vont regretant,
L'insolence du sort sans cesse depitant:
Ils en portent le dueil sur leur palle visage,
Les larmes dans les yeux, la tristesse au courage:
Aussi le ciel ialoux leur rauit vn tel bien,
Qu'il ne le pourroit rendre & le voulut-il bien.
La nuict vient cependant, qui cõme de coustume
Ne decouure ses yeux, & ses lampes n'allume;
Mesme l'Astre inconstant qui preside à la nuict
Se cache de tristesse, & aux ombres ne luit:

Tout semble estre en douleur: la terre tient silence.
Quand ne pouuant porter du mal la violence,
Son mari tout vestu sur son lit se iettant,
Noye en larmes sa couche, & s'y va tourmentant
Ne pouuant reposer à son accoustumee.
De soupirs embrasez sa bouche est enflamee:
Il se tourne & retourne, & son lit bien dressé,
Luy semble estre par tout d'espines herissé:
Aussi le doit-il bien, car sa prochaine perte,
Ceste couche luy rend solitaire & deserte.
Mais comme sa douleur contenue au dedans,
Ses charbons allumez fist cent fois plus ardans
Que s'il eust par la bouche euaporé sa flame,
Comme fait volontiers vne basse & vile ame,
Qui son mal en tous lieux, & à tous decelant,
Tasche de l'amoindrir ou guarir en parlant.
Voicy qu'vne lumiere en sa chambre allumee,
Chassa l'obscurité, comme vn vent la fumee.
Lors se tenant tout coy, se presente à ses yeux,
Ie ne sçay quoy plus clair que le Soleil des cieux:
D'vne sainte frayeur tout le corps luy frissonne:
La frayeur toutesfois peu à peu l'abandonne.
Estant presque finie il vouloit commencer
A parler, mais l'Esprit vint ces mots auancer.
Belle ame de mon ame, asseure vn peu ta crainte.
Ie suis venue icy pour consoler ta plainte.
Ie ne suis vn Esprit du manoir stigieux:

I'ay quité pour te voir le beau seiour des Cieux.
Ceste grande clarté qui dißipe l'ombrage
Peut & doit t'en donner vn certain tesmoignage.
Partage auecques moy l'entier contentement
Dont mon ame iouyt: voy moy presentement
De rayons éclarcie & brillante de flames
Illuminée à plain du Soleil de nos ames.
I'ay vestu le manteau de l'immortalité,
La robe de Iustice & de diuinité:
Ie porte sur mon chef la couronne de gloire,
Le Nectar dans les cieux à lõgs traits ie puis boire:
Ie voy dessous mes pieds les eaux, la terre & l'air,
Et les cieux flamboyans à l'entour se rouler,
I'ay deuoilé mes yeux du bandeau d'ignorance:
Ie moissonne les fruits semez en esperance,
Et les craintifs cerceaux de mon humilité,
Dessus le Ciel des cieux ont mon Esprit porté:
Là ie contemple Dieu face à face & sans voile,
Il est mon beau Soleil, ie suis sa belle Estoille:
Il est le beau miroir où nos esprits contens,
Voyent d'vn seul regard les trois faces du temps:
Le surjon eternel de lumiere eternelle,
D'où l'immortalité de nos âmes ruisselle,
Hé! que n'as-tu gousté les biens delicieux, (cieux!
Qu'à plaines mains Dieu donne aux citoyens des
Que n'as-tu sauouré les celestes delices
Des éleus, depouillez de la robe des vices!

Rien tant qu'estre dissous tu ne desirerois,
Pour estre ioint à CHRIST le souuerain des Rois:
Couuant donc en ton ame vne si belle enuie,
Acheue heureusement la course de ta vie.
Tu n'es pas à toy seul, tu ne vis pas pour toy:
A ta vie ont leur part le public & le Roy,
Tes parens, tes amis, ton heureuse lignee.
Apres auoir vescu, place t'est asignee
Au plus beau lieu des cieux entre les bienheurez,
Qui se font vn plancher des cercles etherez,
Qui se rient au port des orages du monde,
Triomphans de la chair, & de l'Esprit immonde.
Elle finit icy: la clarté disparut,
Le cœur de son mary apres elle courut.
Son ame cependant deuient toute estatique;
Ià les Anges au Ciel, ce luy semble, il pratique,
Et son esprit rauy se sent en ce plaisir
Desireux d'vn tel heur, heureux d'vn tel desir.

TOMBEAV.

PAssant arresté-toy. Ie t'en prirois si le desir naturel de voir, & de sçauoir ne t'en sollicitoit assez, et s'il m'estoit seant de te prier pour moy, priant à present Dieu pour toy. Veux-tu cognoistre qui te parle, & ne parle plus? C'est celle qui toute sa vie aima mieux estre cognüe au Ciel, qu'en la terre, & qui demeurant icy bas, frequenta tousiours là haut. Mon nom & mon surnom furent Bar. Guif. femme en secondes nopces de Messire Claude Groulart. Ie suis icy enterrée. Non ce n'est pas moy. Ie parle ainsi pour m'accommoder à ton langage. Ie suis au Ciel. I'ay deposé seulement en ce lieu mon corps mort & mortel, pour le reprendre viuant & immortel au dernier jour. Si tu veux entendre quelle a esté ma vie, tu le pourras apprendre de ma mort: si tu veux apprendre quelle a esté ma mort, tu le pourras entendre de ma vie. L'vne porte enuie à l'autre, & l'vne & l'autre ne sont point enuiées. Ie te peindray dans ce tableau le racourcissement de toutes deux. La femme naist pour l'homme, & l'homme naist pour la femme. Aussi fus-ie mariée deux fois. Mon premier mary me quitta, i'ay quitté le dernier. Mais ce fust en accroissant sa famille, afin qu'en me perdant, il peust gaigner quelque chose. Quelle ie fus à l'vn, telle ie fus à l'autre, Aimante & aimee à l'egal, de tous deux. L'vn me suruit qui t'en rendra le mesme tesmoignage qu'il a fait à ma cendre. Tu cognois bien son nom & son

renom,

renom, Car ils ne peuuent estre incognus en ce païs. Cognois par eux le mien. Il luy suffit d'en tirer sa lumiere. Car de te faire vn long recit de mes vertus, ie n'ay garde. Ie ne desire moins garder la modestie & l'humilité apres la mort, que durant la vie. Adresse-toy donc ailleurs qu'à moy pour en sçauoir. Que si tu en és trop desireux, Demãdes-en seulemẽt aux paroys de ce Temple, ou plustost aux pauures qui sont à son portail. Les riches t'en pourront parler aussi. Mais cõme ie ne cherchay iamais à leur desplaire, non fis-ie a leur complaire. C'est pourquoy ie ne te renuoye point à ceste enqueste. Or as-tu le bref discours de ma vie, assez longue pour moy, & possible trop courte pour les autres. Ie ne te dis rien de ma mort, tout le monde t'en pouuant dire assez. Elle est encor trop fresche, & fut trop regrettee, pour en auoir perdu la memoire. Voila tout ce que ie te voulois Paſſant. Tu peux donc & dois t'en aller, ſongeant à Dieu, & à ta fin.

✣

STANCES.

1.

Pourquoy sur mon Tombeau versez-vous tant de pleurs,
Puis qu'il faut que vos corps comme le mien pourrissent?
Nostre vie est semblable aux agreables fleurs,
Qui flestrissent vn coup & plus ne refleurissent.

2.

Mõdains, viuez au mõde autãt que vous pourrez,
Et des ans de Nestor vostre âge encor s'allonge,
Vos iours, & les proiets qu'en vos iours vous ferez,
Le songe ne seront que de l'ombre d'vn songe.

3.

Vous bastissez icy sur des fraisles roseaux,
Vn superbe Palais de reluisante glace:
Mais aux rays d'vn soleil il s'écoule en ruisseaux,
Et le vent d'vn malheur ses fondemens fracasse.

4.

Vos desirs furieux sont tant enflez de vent,
Que sans aucun repos vers le Ciel ils s'esleuent:
Mais foudroyez du Ciel ils retombent souuent,
Et sur terre abatus, contre terre ils se creuent.

5.

De moy qui suis au port receuez ce conseil,
Vous qui courez fortune en la mer de ce mõde.
Sur Dieu vostre sainte Ourse attachez moy vostre (œil,
Tant que vous flotterez aux reflus de ceste onde.

6.

Preferez moy le bien qui n'aura point de bout,
A ce bien qui perit, & vous rend perissables.
Croyez moy qu'il vaut mieux estre pauures de tout,
Que riches vn quart d'heure, et tousiours miserables.

7.

Ie fus riche icy bas comme ne l'estant point.
Les Pauures plus que moy sentirent ma richesse.
Ores que mon Esprit est à son Dieu reioint,
De ses biens pour les miens sa main luy fait largesse.

8.

Rouen cognut ma face, & la France mon nom,
Ie tenois à grand heur le seiour de ma ville,
Et ne l'ay point quitté durant mes iours, sinon
Lors qu'il estoit trouble par la guerre ciuille.

9.

Encore ie le fis pour suyure mon Espous,
Qui me le commanda ne le voulant point faire.
Ie ne suis tant à moy, luy dis-ie, comme à vous,
Et pour vous plaire encor me plaist de me deplaire.

10.

Si donc pour luy monstrer quelle estoit mõ amour,

Non pour autre suiet i'auois de viure enuie;
Ie quittay librement la clarté de ce iour,
Ainsi que le desir d'vne plus longue vie.

11.

Au moins ie luy laissay des gages de ma foy,
Qui mesme apres la mort me feront encor estre.
D'vn trauail malheureux ce bon heur ie reçoy,
Qu'vn repos eternel à mon ame il fait naistre.

12.

Si dés mon clair midy i'ay trouué mon couchant,
Mon soleil pour cela n'aura moins de lumiere.
Fasché qu'vn corps mortel l'allast ainsi cachant,
Il est retourné luire en sa maison premiere.

Complainte de la ville de Rouen sur ladite mort.

STANCES.

I.

DOncques plus que iamais mon mal veut s'empirer,
Lors que ie commençois d'auoir quelque esperance,
Qu'au moins en soupirant ie pourrois respirer,

Puis qu'on auoit calmé les troubles de la France?
O mensongere attente! ô destins courroucez!
Vos malheurs derechef dessus moy vous versez.
Apres auoir passé de nos guerres l'orage,
Dans le port de la paix ie fais vn grand naufrage.

2.

Vostre bonace donc ces tempestes couuoit?
Vostre feinte douceur vne rigueur si forte?
Celle à qui ie deuois, celle qu'on me deuoit,
Est pour donner la vie inesperément morte?
Par toy, chaste Lucine, elle peut supporter
Les pointes que lon sent pour le mal d'enfanter.
Deuois-tu pas garder, estant tousiours prospere,
La mere à son enfant, & la femme à son pere?

3.

Helas! ciel rigoureux, tu me la redonnas,
Fasché, comme il sembloit, de me l'auoir ostée.
Tu l'auois emmenee, & tu la ramenas
Quand son mary reuint en sa ville quittee.
Ils me seruoyent tous deux comme d'Astres luisans,
De mon heur l'influence à leur gré produisans;
Mais deuenu ialoux de ma double lumiere,
Tu m'ostes la seconde & laisses la premiere.

4.

Te sufise, dis-tu, de porter vn soleil.
En desires-tu plus que le Ciel n'en possede?
Il se contente bien d'auoir iour d'vn seul œil.

Veux-tu que ta clarté la clarté mesme excede?
Mais Ciel, il faut deux yeux pour la beauté d'vn corps.
Il vaut mieux qu'vn le soit que tous les deux soyent morts.
Neantmoins tous les deux me sont tresnecessaires.
Faut-il à mon grād corps moins de deux luminaires?

5.

Si l'vn aux hōmes luit, l'autre aux femmes luisoit.
Le Soleil à la nuict, la Lune au iour n'éclaire,
Mais poursuyuant le train de leur course ordinaire,
L'vn se monstre de iour, l'autre en nuict s'apperçoit.
Ne mets point en auant que tu n'as qu'vn Soleil,
Ni que bon est mon sort estant au tien pareil.
Ce n'est pas sans propos qu'ainsi ie t'importune
Mon Soleil, tu le sçais, ne doit estre sans Lune.

6.

Las! mō discours est vain: on prepare vn tombeau
A l'Astre qui pouuoit éclairer mon ombrage.
Sa lumiere a fini, comme fait vn flambeau
Qu'on voit mesme en mourant flamboyer dauātage.
Mort, tu peux desrober ses rayons à mes yeux,
Non pas à mon Esprit son renom precieux,
Qui fleurissant tousiours d'vne nouuelle gloire
Aura pour son tombeau l'immortelle memoire.

SONNET.

ROVEN, tù vás perdant ton plus riche ornement.
La fleur de ton honneur tombe en ceste iournee,
Ayant produit le fruit d'vn heureux Hymenee,
En ce poinct qu'elle meurt, malheureux seulemēt.

La Raison te dispense à plaindre amerement;
Puis que ta grande ioye en douleur s'est tournee;
Tu formois en tes yeux sa couche fortunee:
Mais sa couche l'a fait mourir cruellement.

Le Ciel vient à ce coup s'enrichir de ta perte:
C'est contre toy, Rouen, qu'il à la guerre ouuerte:
Il a gaigné ceste Ame, il en và triomphant.

Mais là dessus, ô Ciel! ie ne me pourrois taire,
Ayant voulu laisser vn Enfant à la mere,
Deuois-tu pas laisser vne mere à l'Enfant?

FIN.

A Monſeigneur le premier Preſident.

STANCES.

1.

DOis-ie éleuer mes yeux au beau Soleil des Ames
Qui les peut ébloüyr, mais pluſtoſt aueugler?
Puis-ie le voir ſans voir mon Eſprit ſe troubler,
Aux flames de ſes rays, aux rayons de ſes flames?
Non non, mes foibles yeux, fermez-vous viſtemẽt.
Ie veux que mon Eſprit s'ouure tant ſeulement.
Au leuer du Soleil le Soleil on regarde;
Mais en ſon clair midy que l'œil ne s'y hazarde.

2.

Tel honneur, grand Groulart, außi ie ne pourchaſſe.
L'aigle doit ſeulement regarder le Soleil:
L'Aſtre nompareil ſoit à l'oiſeau nompareil;
Car pour ſi haut obiet ma veuë eſt par trop baſſe.
Daigne donc ſeulement en paſſant m'œillader.
Encore faudroit-il de luire t'engarder:
Ou bien te faire voir comme à trauers la nuë,
Afin de ſuppléer au defaut de ma veuë.

3.

Le Soleil dans les Cieux sa clarté communique
A mille autres flambeaux infini'ment diuers,
Qui sans luy d'vne nuict demeureroyent couuers,
Sa lumiere immortelle est toutesfois vnique.
Ainsi quand ton Esprit luit dedans ceste Cour
Sur mille entendemens il éclot vn beau iour;
Et bien qu'incessamment on puise en sa lumiere,
La departant à tous elle luy reste entiere.

4.

Qui pourroit diuiser vne chose infinie,
Qu'on voit de toutes pars se rendre à l'vnité?
Le flot retourne au flot dont il est emprunté,
Et la part à son tout est tousiours reunie.
Ie ne m'ébahy donc, grand Magistrat, de voir
Tant d'hommes renommez en vie, & en sçauoir,
Rapporter à toy seul leur plus grande excellence,
Comme faisant leur centre, eux ta circonference.

5.

Dans le Temple d'Apis estoit d'vn Dieu l'image,
Qui sa face admirable incessamment tournoit,
La part où le Soleil sa course declinoit,
Accompaignant des yeux son coustumier voyage.
Tout de mesme les Dieux qui tiennent en leurs mains,
Les fortunes, la vie & l'honneur des humains,
Suyuent ton iugement, & ta docte Eloquence
Est l'Aimant qui rauit le fer de leur prudence.

6.

L'Oracle de Memnon ses secrets ne découure,
Que les rays du Soleil n'aillent sa bouche ouurant.
Si tes belles raisons tu ne vas découurant,
Le Parlement außi ses Decrets ne nous ouure.
Luy d'vn image mort peut la bouche animer.
Toy d'vn Oracle vif les beaux Arrests former.
N'est-ce donc à bon droit que chacun te reclame,
Toy l'ame de sa voix, toy la voix de son ame?

7.

Außi quand au Palais parle en toy cet Oracle,
Tu ioins les beaux discours aux belles actions.
Les moindres de tes mots sont des perfections,
De ces perfections la moindre est vn miracle.
Tout ce docte barreau vient l'oreille auançer,
Lors que ta bouche veut vn Arrest prononçer.
Tout surpris, tout raui sentant telles merueilles,
Estonner son Esprit, & flater ses oreilles.

8.

Belle ame de nos loix, Loy de nos belles Ames,
Esprit viuant du droit, droit des Esprits viuans,
Reigle de nostre siecle, & Patron des suyuans,
Qui punis les meschans, & côuaincs leurs faux blâ-
Comme iadis Iupin par miracle nouueau, (mes.
Fist naistre sa Palas de son diuin cerueau:
Du tien s'engendre außi nostre docte Minerue,
Et luy donnant son estre, en estre il la conserue.

9.

Lors que ta bouche s'ouure, ainsi que dãs vn Tem-(ple,
A la seule Iustice à bon droit reserué,
Mesme quand tu discours quelquesfois en priué,
L'image de vertu peinte au vif s'y contemple.
Si iusqu'à ton Esprit on pouuoit penetrer,
La Vertu mesme alors viendroit a se montrer.
Aussi l'a-elle pris comme vn saint Tabernacle,
Pour te faire en nos iours de nos iours le miracle.

10.

O grand homme! ô grãde ame! & que puis-ie plus (dire
Puis que de m'exprimer tout moyen me defaut.
Plus mon discours s'égare, où plus il prend le haut,
Et planer vers la terre ores il ne desire.
La langue ne respond en ce profond suiet
A l'Esprit, ni l'Esprit n'arriue à son obiet.
Si donc l'Esprit est court aussi bien que la langue,
Ie veux sans te parler acheuer ma harangue.

11.

Escrit, de mon Esprit porte luy tesmoignage.
Dis luy que ie l'honore, & que ie n'en dis mot;
Et que le seul respect la bouche ores me clot,
Mon silence pouuant l'honorer dauantage.
Hé! ne vaut-il pas mieux vn Timante imiter,
Couurant ce qu'on ne peut au vif representer,
Par le voile sçauant d'vne ignorance belle,
Que de peindre Alexandre & n'estre pas Apelle?

12.

I'eusse peu d'auanture à l'autel de sa gloire,
Appendre quelques vers dignes de luy offrir,
Si quatorze Assaßins ne m'eussent fait souffrir
Grande perte de sang, d'esprits, & de memoire.
Depuis ie ne suis plus assez prompt & ardent,
Pour chanter comme il faut vn si grand President:
Mais si encor' vn coup ma chaleur rebouillonne,
Pour suiet de mes vers, à mes vers ie le donne.

A mes Demoiselles ses filles,

STANCES.

1.

Filles d'vn Astre nompareil,
Qui n'ayant clos encores l'œil,
Dans le couchant de la mort blesme,
Semoit plus de viue clarté,
Sur nostre sombre obscurité,
Qu'en plain iour l'Astre du iour mesme.

2.

Vous luisez à vostre leuer,
Comme l'Aube à son arriuer,
Sur les ombres de la nuict coye:

Ou bien la Lune, en rendissant:
Afin qu'apres vostre croissant,
Le plain de vos clartez on voye.

3.

Alors toutes vos actions,
Seront autant de beaux rayons,
Qui reialliront de vostre ame.
Mille & mille chastes amans,
Iront à l'enui r'allumans,
A ce feu saint, leur sainte flame.

4.

Vostre mere est vn ornement,
Qui vous embellit tellement,
Que chacun vous aime & reuere:
Esperant que vous vous rendrez,
Quand en aage vous paruiendrez,
Dignes filles de telle mere.

5.

Succedez à sa chasteté,
A sa modestie, & bonté,
Aussi bien qu'à son heritage:
Sur sa trace il vous faut aller,
Si vous voulez renoueler
Ses vertus, ainsi que son age.

6.

Mais si vostre printemps produit
Tant de fleurs, quel sera le fruit,

Qui de l'Esté se doit attendre?
Tresgrand se le promettent tous,
Voyans tant de Graçes en vous,
En vn aage encores si tendre.

7.

Ie vous puis dire sans flater,
Qu'il vous est permis de vanter
La fille de Vertu pour mere,
Dont le merite eut tel credit,
Que toute seule il la rendit,
Digne d'espouzer vostre pere.

8.

De regret ne vous consumez,
Et le Ciel iamais ne blasmez,
D'auoir si tost clos sa iournee.
Pourquoy prendrez-vous de l'ennuy,
S'il reprit ce qui fut à luy,
Et s'il l'osta, l'ayant donnee?

9.

Vous meritez bien de l'auoir,
Pour d'elle aprendre le deuoir,
Que ses actions font notoire.
Mais puis que perdre la deuiez,
Et que garder ne la pouuiez,
L'auoir euë est beaucoup de gloire.

10.

Pourtant, vous ne deuez ailleurs,

Chercher des exemples meilleurs,
Pour y conformer vostre vie,
Que ceux qu'elle vous fournira.
Qui de plus beaux en cherchera,
Est poussé de haine ou d'enuie.

11.

Quand bien Nature n'auroit point,
Les filles à la mere ioint,
D'vne liaison tant estroite;
Imiter il la vous faudroit:
Puis que pour rendre le bois droit,
Il faut que la ligne soit droite.

12.

Quand en vous ses mœurs on verra,
Tout le monde vous benira,
Celebrant sa belle memoire.
Lors toutes pleines de bon-heur,
Son honneur, sera vostre honneur,
Vostre gloire, sera sa gloire.

www.ingramcontent.com/pod-product-compliance
Lightning Source LLC
Chambersburg PA
CBHW060603050426
42451CB00011B/2050
* 9 7 8 2 0 1 1 8 5 2 1 8 2 *